MW01697760

Una niña llamada
Frida Kahlo

Gustavo Sainz

SCHOLASTIC INC.
New York Toronto London Auckland Sydney

A mis hijos Claudio y Marcio Sainz

Mapa de México, con los territorios vecinos.

La casa azul, actualmente Museo Frida Kahlo.

Frida nació un día de lluvia, el 7 de julio de 1907, en una casa pintada de azul. La casa estaba en Coyoacán, un barrio al sur de la entonces Ciudad de México.

La llamaron Magdalena Carmen Frieda Kahlo y Calderón. Pero de mayor, aún antes de empezar a firmar sus primeros dibujos, ella misma abrevió su nombre a Frida Kahlo. Frida significa "Paz".

El padre de Frida, Guillermo Kahlo, se había casado con una compañera de trabajo, Matilde Calderón. Ambos esteban empleados en una joyería. La madre de Frida, Matilde, lo convenció de que se dedicara a la fotografía. Curiosamente los dos abuelos, el materno y el paterno, estaban relacionados con el mismo arte. Mientras uno comerciaba en Europa con artículos fotográficos, el otro, en Oaxaca, trabajaba como fotógrafo ambulante.

Cuando nació Frida, su padre tenía una oficina desde donde atendía encargos fotográficos. Gracias a eso, conocemos bellas imágenes de la niña Frida Kahlo en esos días.

Frida jugaba siempre con sus hermanas mayores, Matilde y Adriana, y con su hermana menor, Cristina. Su compañera de juegos casi siempre era la menor. Tomaban ejemplo de los gatos: de repente dejaban de jugar y desaparecían.

A los seis años Frida contrajo poliomielitis. Faltaba mucho tiempo para que en el mundo se descubriera una vacuna que ayudara a prevenir esta terrible enfermedad. La polio puede causar la parálisis de ambas piernas.

Frida (izquierda, acurrucada en la silla) a los cinco años. La vemos ya pensando, muy seria.

Frida estuvo en cama nueve largos meses. Un dolor terrible vivía en su pierna derecha. Se extendía del muslo hacia abajo, como desgarrándolo. Le lavaban las piernas en una tinita con agua de nogal y le ponían pañitos calientes.

En la cama el cuerpo de Frida descansaba pero su fantasía se ponía en marcha. Allí inventó a una amiga imaginaria, de su misma edad. Sobre uno de los cristales de su ventana echaba vaho y con el dedo dibujaba una PUERTA. Por esa PUERTA salía en su imaginación con gran alegría y urgencia. Atravesaba un llano hasta llegar a una lechería llamada PINZÓN, y por la "O" de PINZÓN entraba y bajaba impetuosamente al centro de la Tierra, donde su amiga imaginaria la esperaba siempre.

Cuando por fin pudo incorporarse y ensayar sus primeros pasos, Frida encontró que su pierna derecha era más corta y más delgada que la otra. Aprendió a disimularla y, animada por su padre, comenzó a practicar la natación, el ciclismo, el patinaje, el remo y hasta el boxeo y la lucha libre.

Aquí la vemos con dos compañeras de escuela. Frida está a la derecha, vestida de marinero, muy a la usanza de la época. Y su mano izquierda parece tenderse hacia los alcatraces que detiene su amiga. Más tarde plasmaría hermosas flores en muchos de los cuadros que llegaría a pintar.

Frida (derecha) a los 12 años, con dos amigas.

Frida (izquierda) con su familia, vestida de muchacho. Tenía 17 años.

En esta fotografía familiar, traviesamente vestida de hombre y con el cabello recogido, se apoya en la pierna sana. Frida aún no se arriesgaba a vestir la ropa folklórica que le veremos poco después, pero ya buscaba otra manera de envolverse a sí misma.

En la casa azul, por la tarde, Frida y Cristina jugaban, o pintarrajeaban en el patio, o se asomaban a la ventana. Mientras, sus padres hablaban de la Revolución Mexicana, que se había iniciado en 1910, cuando Frida tenía tres años. Los "alzados" como los llamaban en la ciudad, pedían la renuncia del presidente Porfirio Díaz y nuevas elecciones. Casi siempre había novedades interesantes. Y a Frida le encantaba enterarse de todo.

Frida a los 19 años, con algunos de sus amados libros en el regazo.

Frida era muy consciente de su origen oaxaqueño-español por parte de madre, y alemán-rumano-húngaro por parte de padre. Pero cuando empezó a mirarse a sí misma y a pintar, se pintó siempre morena, vestida con trajes típicos de diferentes regiones de México, y rodeada de objetos también típicos mexicanos.

En la clase de ciencia, la maestra hacía experimentos espectaculares. Una vez sostuvo una vela encendida en una mano, con un globo terráqueo frente a ella, y una naranja en la otra mano. Empezó a explicar que la vela era el Sol, el globo la Tierra y la naranja la Luna, y a moverlos para que los alumnos entendieran cómo se llevaban a cabo los eclipses. El espacio parecía abrirse más allá de ese salón, escaparse hacia la inmensidad del cielo gris, afuera. Años más tarde, cuando se enfrentaba a una tela en blanco, Frida recordaba aquella maestra que con tanta fuerza le había hablado del espacio estelar, volviendo comprensible lo infinito.

A los 25 años la afectó la muerte de su madre, Matilde Calderón,
ocurrida pocó antes de tomarse esta foto.

Al finalizar 1923, ya terminada la revolución, el gobierno de México impulsó la pintura mural. El ministro de Educación ofreció los muros de los tres pisos que rodeaban el patio central de su ministerio al pintor Diego Rivera. No había día en

Frida Kahlo, *El camión*, 1929, óleo sobre tela, 26 x 55 cm. Colección Museo Dolores Olmedo, Ciudad de México.

Vemos aquí una de las primeras pinturas de Frida.
El cuadro muestra su interés en las costumbres y los personajes populares.

que Diego no apareciera en los periódicos. Todo lo que hacía y decía se convertía en noticia. Y a Frida le llamaban la atención esos aspavientos. A tal grado, que decidió conocerlo.

Frida se presentó una mañana en el patio del Ministerio de Educación. Con timidez, pidió permiso para sentarse allí y ver pintar al artista. Se quedó un poco más de cuatro horas. Le fascinaba ver a Diego en plena actividad. Volvió muchas veces, y siempre se quedaba de tres a cuatro horas.

A Frida le gustaban mucho los libros. Se reunía con sus amigos en la biblioteca escolar y allí leían de todo. Pero nada despertó tanto interés en ella como las biografías de los grandes artistas. La de Paolo Uccello, pintor florentino del siglo XV, la sorprendió de tal modo, que trató de memorizarla. Frida quería retenerla en su cabeza para siempre.

Todavía Diego Rivera pintaba los muros de los tres pisos del patio del Ministerio de Educación cuando Frida sufrió un espantoso accidente de tránsito. Un tranvía embistió el autobús en el que se dirigía a su casa.

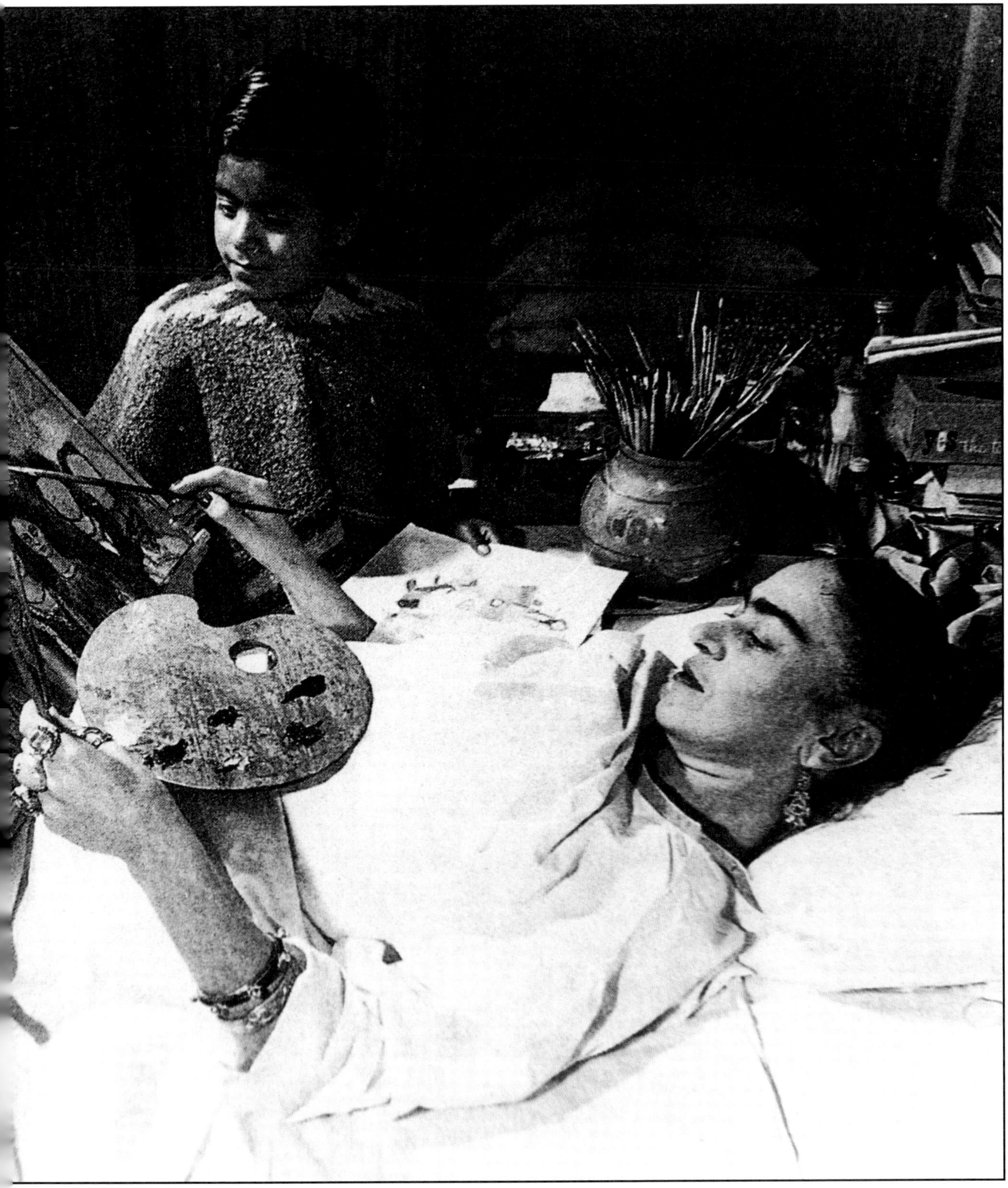

Los niños, entre ellos el autor de este libro, gustaban de verla pintar...

Frida Kahlo, *Naturaleza muerta*, 1942, óleo sobre madera, 63 cm de diámetro. Colección Museo Frida Kahlo, Ciudad de México. Foto cortesía Art Resource, NY.

Las flores y las frutas de México parecen inciar una danza en esta pintura.

Frida tenía 18 años y estaba enyesada casi por completo. Había sufrido múltiples heridas. Y lo peor era esa inmovilidad y esas semanas que parecían meses de quietud y silencio en el hospital. Su madre perdió la voz durante varios días por la impresión recibida. Su padre enfermó de tristeza y Frida no pudo verlo sino hasta pasados veinte días.

En ese hospital sus amigos la visitaban y rodeaban su cama riendo y hasta cantando. Entre ellos había muchos niños, que gustaban de verla pintar. Todos querían que se distrajera, que estuviera contenta. Que se olvidara aunque fuera por esos ruidosos momentos de que quizás nunca podría llegar a moverse otra vez.

Su madre le llevó artículos para que pudiera dibujar. Un carpintero le construyó un caballete especial que se podía sujetar a la cama donde estaba acostada. En cuanto el caballete quedó instalado, Frida sintió de nuevo su energía correr por las venas, llegar hasta las sienes, enrojecer las mejillas...

El movimiento que anhelaba se ve inclusive en esta pintura. Las frutas tropicales de México y las flores parecen iniciar una danza. Se destacan, además de la calabaza, las mariposas y una guanábana partida, los nardos, los hongos, los aguacates, los membrillos y la flor de calabaza, una de sus golosinas favoritas.

Frida les decía a sus amigas en la escuela que su ambición era casarse con Diego Rivera, y que alguna vez se lo iba a decir...

Mientras miraba en silencio pintar a Diego, susurraba para sí: "Ya verás, ahora no me haces caso, pero algún día te casarás conmigo..."

En cuanto consiguió volver a caminar, y cuando le permitieron salir a la calle, Frida fue a buscar a Diego para enseñarle los cuadros que había pintado en el hospital. Diego señaló que uno de ellos demostraba talento, y le pidió que pintara más. Empezaron a frecuentarse. El padre de Frida le dijo a Diego "Dése cuenta de que mi hija es una persona enferma, y de que estará enferma durante toda su vida. Es inteligente pero no bonita. Piénselo si quiere... Y si a pesar de todo esto desea casarse, le doy mi permiso..."

Diego la visitaba en su casa y meses después, en medio de un gran alboroto familiar y de prensa, se casaron.

Frida amaba los animales. Los miraba con infinita ternura...

Aquí la vemos jugando con un mono.
Muchas veces pintaría verdaderos retratos de estos animales.

Frida amaba las palomas, gacelas, monos, pericos, gatos, pájaros coloridos, perros. Los miraba y trataba con infinita ternura, como si fueran otras versiones de sí misma. Tiempo después, se pintaría con ellos muchas veces. Frida también amaba el arte popular mexicano y prehispánico que, junto con Diego Rivera, consideraban tan inquietante como importante.

Frida Kahlo, *Autorretrato con mono*, 1940. Colección privada. Foto cortesía Art Resource, NY.

Autorretrato de Frida, unida por una cinta a su monito mascota, y con un fondo de hojas.

A Frida le gustaba jugar con el agua...

En Xochimilco, la zona de la Ciudad de México cuyas calles son canales, le gustaba mirarse en las tranquilas aguas. A veces podía reconocer su rostro y a veces tímidas olas lo ocultaban. Quería reconocerse continuamente y sin embargo

Amaba el contacto con esa fuente de vida, así como el sol y la naturaleza.

el agua le ponía dificultades: las pequeñas oleadas entonces hacían surgir espacios en su memoria. A veces su figura tambaleante aparecía en las aguas y la llamaba. Así era su arte. Miraba el agua de manera tal que el agua misma cobraba vida.

Frida se rodeaba de flores...

Frida se adornaba los peinados con flores naturales. Flores estampadas y bordadas en los vestidos y verdaderas en la cabeza. Ella tenía un rostro limpio y diurno como un paisaje.

"Es de día" decía su rostro.

Autorretrato con flores en el cabello, rodeada de pájaros y más flores.

Frida Kahlo, *Autorretrato con marco integrado y dos pájaros*, c. 1938, oleo sobre aluminio y vidrio, 29 x 22 cm, Musée National d'Art Moderne, Centre Georges Pompidou, Paris.

Después del accidente, a Frida le había costado un gran esfuerzo sujetar un crayón. Reconocía el deseo de sujetarlo, la necesidad de hacerlo, pero no tenía dominio sobre sus dedos. Sin embargo su deseo de expresarse era más fuerte que sus heridas. Poco a poco pudo sujetar un color, hacer un trazo. Con gran esfuerzo, logró que el trazo que conseguía con su mano, coincidiera con el trazo que veía en su imaginación. Y tras esos terribles esfuerzos el deseo de andar reapareció. El deseo de dibujar y seguir dibujando a lo largo de la vida, de dibujar siempre. Y de volver a andar, de aprender a caminar una vez más.

Para pintar, Frida esperaba el Sol. Esperaba a que el Sol bañara todo el ámbito de su estudio. El piso debía crujir bajo tanta luz.

Frida dispuesta a pintar, con el estudio lleno de sol.
Al fondo se ve una de sus pinturas más famosas, *Las dos Fridas.*

Fantasías, episodios de su vida con Diego, autorretratos con animales, con joyas, con trajes típicos, con peinados extraños, son el tema de los cuadros que colgaban en la Galería de Arte Contemporáneo de la Ciudad de México, la noche de su primera exposición importante. Frida llegó transportada por una ambulancia. Vestía su traje regional predilecto. La condujeron hasta su cama de cuatro postes en el centro del salón principal. Sus amigos la rodearon hasta pasada la medianoche, contando chistes y cantando canciones. Su amiga imaginaria también la acompañaba.

En esta pintura la vemos con Diego. Además de su madre, su padre y su hermana Cristina, fue la persona que Frida más quiso... Sobre la cabeza de Frida, una paloma sostiene una cinta donde se lee "Aquí nos veis, a mí, Frieda Kahlo, con mi amado esposo Diego Rivera; pinté estos retratos en la bella ciudad de San Francisco, California, para nuestro amigo Mr. Albert Bender, y fue en el mes de abril de 1931".

Aquí Frida se pintó tomada de la mano de su esposo, Diego Rivera.

Frida Kahlo, *Frieda and Diego Rivera*, 1931, óleo sobre tela, 100 x 78,7 cm. Cortesía San Francisco Museum of Modern Art, colección de Albert M. Bender, donación de Albert M. Bender.

Frida Kahlo, *Retrato de mi padre*, 1951, óleo sobre masonita, 62 x 48 cm. Museo Frida Kahlo, Ciudad de México. Cortesía Museo Dolores Olmedo, Ciudad de México.

También pintó a su padre, Guillermo Kahlo.

Su padre la había llevado desde niña a gozar los paisajes y la luz prodigiosa de México. A fijarse en los cielos, el pasto recién nacido, los árboles milenarios, los seres vivos e inquietos, las ruinas prehispánicas y la arquitectura moderna de

México. Su padre le había enseñado a mirar.

A los 47 años, el 13 de julio de 1954, Frida murió en su casa azul. Afuera llovía... Sus pinturas, esparcidas en diversos lugares, velarían por ella.

Frida finalizando el retrato de su padre que aparece en la página anterior.

Nickolas Muray, *Frida Kahlo*. Cortesía George Eastman House.

Frida en la plenitud de su belleza, vestida con un traje regional.

Frida se había representado en muchas de sus telas. Desde allí nos mira con atención. Tal vez por eso sus cuadros son tan vigentes. Y porque los pintaba con mucha paciencia, con mucha seguridad, con misteriosa tranquilidad.